Marc Sommerburg

Und glücklich sein geht doch!

Bibliografische Information der Deutschen National-bibliothek

Die Deutsche Nationalbibliothek verzeichnet diese Publikation in der Deutschen Nationalbibliographie; detaillierte bibliographische Daten sind im Internet über dnb.d-nb.de abrufbar.

Herstellung und Verlag:
BoD – Books on Demand, Norderstedt

ISBN 9783744893015

Inhalt

Teil I

Teil II

Teil III

Teil I

Verflixtes Glück

Ich verstand das nicht. Alle waren immer so glücklich. Für mich sah es aus, als wäre ich der einzige
Mensch auf diesem Planeten, der sich in manchen
Situationen unwohl fühlte. Wie souverän die anderen durchs Leben gingen! Kannten sie gar nicht das
Gefühl, nicht in Ordnung zu sein? War ihnen dieses
undefinierbare Unwohlsein wirklich fremd? Wollten
sie nie gern aus ihrer Haut schlüpfen, um ein be-
klemmendes Gefühl loszuwerden? Andere hatten
einfach ein besseres Händchen, normal zu sein. Ich
dagegen stand immer wieder vor Situationen, die
mir Bauchschmerzen bereiteten. Mir fehlte oft das
‚dicke Fell', mit dem alle anderen ausgestattet waren.
Und es gab so viele schlaue Bücher, in denen die
Glücklichen davon erzählten, was sie anders mach-
ten. Sie erklärten, wie es funktionierte. Alle, wirklich

alle, wussten es. Alle hatten den von mir so ersehnten Schlüssel zum Glück schon gefunden. Nur ich tappte immer noch im Dunkeln. Für mich blieb es ein riesiges Rätsel. Ich fand die Lösung einfach nicht heraus. Es war zum Verrücktwerden…

Nun konnte man meinen, ich tat vielleicht nicht genug für mein Glück, aber so war es nicht. Ganz im Gegenteil! Ich kaufte mir immer wieder Bücher, von denen ich mir eine Anleitung zum glücklich werden versprach. Gott sei Dank gab es das Internet. So konnte ich mir die Peinlichkeit ersparen, mit meiner besonderen Lektüre an einer Warenhauskasse aufzufliegen. Es war mir nämlich äußerst unangenehm, der ‚übriggebliebene Unwissende' zu sein.

Wenn mich ansonsten jemand fragte, welche Bücher mich interessierten, gab ich vor, kein großer Leser zu sein. Ich verstaute lieber meine wichtige Lektüre ganz hinten im Schrank hinter dicken Kochbüchern und alten Reiseführern und holte sie nur heraus, wenn ich ungestört war.

Was ich schon alles ausprobiert hatte! Ich entdeckte immer neue Bücher mit vielversprechenden Anweisungen, aber trotzdem war der eine entscheidende Hinweis für mein Glück nie dabei. Wenn mir der Postbote wieder mal ein neues Buch in den Briefkasten warf, ließ ich alles stehen und liegen und begann sofort zu lesen. Aha! Achso! Na dann! Für einen Moment war mir klar, was ich vorher falsch gemacht hatte. Das Glück war mal wieder so nah! Erreicht habe ich es dann aber doch nicht.

So ging es ständig weiter. Ein Buch nach dem anderen. Eifrig übte ich mich immer wieder aufs Neue in den verschiedensten Dingen. Die Vorraussetzung für das Finden des Glücks war allerdings immer die gleiche. Ich musste mich verändern. So, wie ich von Haus aus war, konnte es anscheinend nicht klappen. Ich benötigte mehr Disziplin, um glücklich zu werden. Beharrlich musste ich mir Dinge aneignen, ohne die das Glück kaum möglich sein sollte. Ohne Training ging es nicht. Deshalb stürzte ich mich ständig in neue Aufgaben, die mir ans Herz gelegt wurden.

Zum Beispiel ging es in einem Buch um die Liebe. Die Übung bestand darin, alles aus dem Nichts heraus zu lieben. Nur um der Liebe willen. Ganz ohne Grund, einfach, weil es so schön war. Damit sollte man erreichen, seine Probleme loszuwerden. Am Anfang war das super! Ich liebte, was das Zeug hielt. Es fiel mir ganz leicht, und es machte mich total glücklich!

Allerdings nicht lange. Das ewige Lieben auf Dauer anzuwenden war dann doch irgendwie schwierig. Wenn ich wütend war, oder müde oder hungrig, dann war ich ehrlich gesagt eher wütend, müde oder hungrig und nicht mehr so richtig liebend. Ja, ich weiß, ich sollte alles gleichzeitig machen. Lieben und wütend und müde und hungrig sein. Aber es funktionierte nicht. Und irgendwann war ich so sauer darüber, dass ich das mit dem Lieben zum Teufel jagte. Dann war alles wieder wie immer.

Ein anderes Mal sollte mir Meditation dazu verhelfen, endlich mein Glück zu finden. Ich weiß bis heute nicht, ob das, was ich da tat, meditieren war. Ich war stimmungsvoll angezogen und saß in meinem weiten, schillernden Gewand am Boden. Ich hatte mir extra eine Klangschale besorgt und hielt es auch mit der passenden Dekoration des Raumes eher üppig, aber unterm Strich saß ich nur herum. Ich saß und saß und schaute und schaute. Immer mit wichtigem Gesichtsausdruck. Ich horchte mal nach innen und mal nach außen. Es fühlte sich toll an, weil ich auf solche Sachen flog. Aber danach war auch alles wie immer.

Irgendwann später las ich ein Buch, in dem es hieß, ich sollte überhaupt nichts mehr machen. Die Dinge würden sich von alleine regeln, wenn man sie nur ließe. Aber wie sollte mich das Glück finden, wenn ich mich mucksmäuschen still verhielt? Das leuchtete mir absolut nicht ein, aber natürlich probierte ich es trotzdem aus. Ich wollte mir nicht hinterher vorwerfen, nicht alles versucht zu haben. Außerdem war diese Übung wunderbar vor anderen zu verbergen. ,Nichts' merkte kein Mensch!
Doch ich sollte Recht behalten: Ich tat nichts und das große Glück blieb aus.

Da kam es mir gelegen, dass in einem anderen Buch ein neuer Vorschlag für Ablenkung sorgte. Ich sollte mein Mitgefühl stärken. Geben, geben, geben. Ich gab wirklich mein Bestes. Ich setzte mich ein und half, wo ich konnte. Hingebungsvoll opferte ich meine Zeit. Das Glück der anderen sollte dann wie ein Bumerang zu mir zurückkommen. Vielleich habe ich mich in dem Moment geduckt und das Glück flog über meinen Kopf hinweg… Ich weiß es nicht.

Ego & Co.

Meine heimliche Lektüre wurde über die Jahre immer heimlicher. Ich las immer verrücktere Sachen. Wo ich am Anfang nur gezielt nach dem Glück suchte, stolperte ich inzwischen über die abgefahrensten Bücher. Dort ging es zwar auch um das Glück, aber doch irgendwie anders. Es schien etwas zu geben, das jenseits des Glücks war. Auch jenseits von Gut und Böse. Man sollte etwas erreichen können, das besser war als das, was man im Normalfall hier auf Erden bekam. Ein bisschen unheimlich war mir das schon, und die Beschreibungen darüber verwirrten mich komplett.

Ich sage nur: Erleuchtung!

Wow! Offensichtlich gab es die Möglichkeit, ,erleuchtet' zu werden. Das machte sehr großen Eindruck auf mich. Es hatte so etwas Heiliges an sich. Etwas Übermächtiges. Die Vorstellung so zu werden war großartig. So wie Jungen Astronaut und

Mädchen Prinzessin werden wollten, malte ich mir nun aus, erleuchtet zu werden. Ich stellte mir vor, lächelnd über den Dingen zu stehen. Der gesamten Menschheit wollte ich mit riesigem Mitgefühl und weltumfassender Liebe begegnen. Ich fühlte mich königlich und war bereit, die aus dem Universum fließende Weisheit dankbar anzunehmen.

…Gelassenheit, Frieden, Sanftmut...

Ich hatte eine ziemlich genaue Vorstellung von meiner Erleuchtung!

Doch für den Alltag, fand ich, war das nichts. Ich glaube, ich hätte sie sowieso niemals erreicht. Was man alles verstehen musste! Es ging schon damit los, dass ich angeblich die Realität mit der Traumwelt verwechselte. Ich schlief! Ich verbrachte sehr viel Zeit damit, das zu verstehen. Aber ich verstrickte mich darin, dass alles Nichts war, und gleichzeitig alles wahr war, und am Ende doch nichts real sei. Es war zum Verzweifeln. Ich habe es einfach nicht kapiert. Zum Glück machte das nichts. Zumindest nicht, wenn man erleuchtet werden wollte. Denn ich, der das nicht verstand, war gar nicht ich. Was für eine Erkenntnis! Aber wer war ich? Die Antwort war der Grund, warum ich dann doch nicht mehr erleuchtet werden konnte.

Ich war mein Ego! Das allein hätte ich ja noch verschmerzt. Aber ich sollte, um meinen königlichen Wunschzustand zu erreichen, mein Ego vernichten! Da war ich raus. Das wollte ich auf keinen Fall. Anscheinend hing ich sehr an meinem Ego. Hing ich? Sicher. Sonst hätte es wohl mit der Erleuchtung geklappt.

Ich war frustrierter denn je. Mein Ego auflösen wollte ich nicht, aber Erleuchtung schon. Ich dachte mir, vielleicht gab es einen Mittelweg. Wenn ich versuchte, mein Ego nur abzuschwächen, musste ich es nicht ganz hergeben. Vielleicht bekam ich dann im Gegenzug die kleine Erleuchtung, die in meinen Büchern als ‚Erwachen' beschrieben war. Damit wäre ich schon zufrieden gewesen. Genau nach Anweisung beobachtete ich meine Gedanken, immer in der Hoffnung, dass sie verschwinden würden. Ich musste unbedingt vom Denken ins vielgepriesene Nicht-Denken gelangen. Wenn ich das geschafft hätte, wäre mein Ego zumindest schon mal ins Straucheln gekommen.

Aber denkste! Auch das hat nicht funktioniert. Immer wenn ich dachte, ich denke nicht mehr, war das schon wieder ein Gedanke. Mein Ego blieb stur, es ließ sich nicht verkleinern und schon gar nicht ganz verscheuchen.

Himmel! Ich machte mir mein Ego dermaßen madig, dass ich es nicht mehr leiden konnte. Ego! Das war aber auch schwammig erklärt. Wenn ich ehrlich war, war ich immer noch nicht sicher, was genau an mir mein Ego überhaupt war, und trotzdem fand ich es schon zum Kotzen. Da war es nur ein schwacher Trost, dass ich angeblich in Wirklichkeit nicht existierte, sondern allein das Ego dachte, dass es denkt und somit nicht ich, sondern nur mein Ego nach dem Glück suchte. Super. Dann war ja alles in Ordnung...

Geliebter Schweinehund

Und weil eben doch nicht alles in Ordnung war, ging meine Suche nach dem Glück weiter. Einen neuen Hinweis brachte ein frisch geliefertes Buch. Mein Problem sollte nämlich da herrühren, dass ich mich getrennt von meiner Umwelt erlebte. Genau das wäre das Hindernis zu meinem Glück. Würde ich nicht mehr trennen, mich also mit allem und jedem verbunden fühlen, käme das ganz große Glück. Zum besseren Verständnis sollte ich mir dafür einen Ozean vorstellen, in dem ich mit allen anderen Menschen zusammen schwamm. Gleichzeitig war ich nun ich selbst, alle anderen Menschen und das Wasser! Schwierig, wie ich fand. Ich war doch eine Person, und mein Nachbar war eine andere Person. Und warum hörten alle Probleme auf, wenn mein Nachbar nicht mehr nur mein Nachbar sondern auch ich selbst war? Und was hatte mein Nachbar davon, ich zu sein? Es ging sogar so weit, dass ich zusätzlich auch noch ein Baum, ein Stein und das Wetter sein sollte. Ich war alles, und alles war ich.

Es erschloss sich mir einfach nicht...

Wenn ich ehrlich bin, erlebte ich diese Theorie genau andersherum. Ich fühlte mich nämlich sehr wohl mit meinen Mitmenschen verbunden. Es war mir wichtig, was mein Gegenüber von sich gab. Ich bezog andere grundsätzlich mit ein und sorgte mich um das Wohl meiner Mitmenschen. Mir kam es vor, als fühlte ich mich unwohl, gerade weil ich mit allen verbunden war. Genau dort schien mein Problem zu sitzen.

Stimmte doch! Die anderen waren Schuld. So war es doch! Endlich hatte ich Schuldige gefunden. Sie beeinflussten mich in so hohem Maße, dass sie, ob sie wollten oder nicht, über mein Wohlbefinden bestimmten. Ich nahm mir nämlich ihre Meinungen zu Herzen, dachte darüber nach und nahm auch Kritik ernst. Andere waren Auslöser für eine ganze Reihe Unannehmlichkeiten. Ob ich mich nun ärgerte, wütend oder getroffen war, mich unverstanden oder frustriert fühlte, es hatte immer mit anderen zu tun. Würde ich mich getrennter von ihnen fühlen, wäre ich glücklicher.

Es lag also gar nicht an mir!

Ich stellte mir vor, ganz allein auf der Welt zu sein. Wäre kein anderer da, könnte ich von niemandem beim glücklich sein gestört werden. Ich blieb dabei, die anderen waren Schuld!

Ich dachte wirklich eine ganze Weile, dass ich meine Mitmenschen für mein ‚Unglück' verantwortlich machen konnte. Es war aber auch ein Schlamassel. Natürlich fühlte ich mich schlecht damit, ihnen die Schuld in die Schuhe zu schieben, und irgendwann sah ich auch ein, dass sich die Menschheit nicht für mein Glück opfern würde…

Ich ging also davon aus, dass die Erdbevölkerung bestehen blieb. Aber wie konnte ich trotzdem glücklich werden?

In einer Textstelle hieß es, so erinnerte ich mich, ich selbst sei immer der Auslöser für meine Schwierigkeiten. Natürlich wusste ich, dass ich einen inneren Schweinehund hatte, der sich hin und wieder gegen mich stellte. Aber es gab auch Gelegenheiten, in denen er sich von mir überreden ließ, sich nicht so anzustellen. Ihn für mein ‚Unglück' verantwortlich zu machen, erschien mir nicht richtig. Ich mochte ihn trotz seiner Bockigkeit. Um meinen Schweinehund zu schützen, musste eine andere Lösung her.

Es war ein ewiges Lesen, Ausprobieren und wieder Verwerfen. Da saß ich auf Bergen von Lektüre und wusste mir trotzdem nicht zu helfen. Nichts, was ich versuchte, um glücklich zu werden, klappte…

Quälgeister

Was genau verhinderte eigentlich mein Glück? Ich war so verwirrt von den ganzen Anleitungen und Ratschlägen, dass ich über die Zeit den Überblick verlor.

Worum ging es mir denn nun tatsächlich? Es kam mir vor, als redeten die Bücher und ich aneinander vorbei. Der von mir so ersehnte Berührungspunkt blieb leider aus. Es bewegte einfach nichts mein Herzchen, kein gut gemeinter Ratschlag traf mich wie ein Blitz, der dann in Sekunden alles verändern konnte. Ich wartete immer noch auf den riesigen Knall der Super-Erleuchtung. Da ich ja aber wusste, dass so ein Ereignis extrem viel Übung bedurfte, übte ich mich zu allererst in Geduld. Zwar war ich mal wieder frustriert, aber Aufgeben war keine Option.

Not machte ja bekanntlich erfinderisch. Da mir die Bücher allein offensichtlich nicht weiterhelfen konnten, vermischte ich mein angelesenes Wissen mit eigenen kreativen Lösungsansätzen, um dem Glück auf die Schliche zu kommen. Ich als Mann versuchte natürlich, es unkompliziert anzugehen. So reduzierte ich all meine klugen Erkenntnisse auf eine schlichte Formel:

Fühlte ich mich gut, war ich glücklich, fühlte ich mich schlecht, war es vorbei mit dem Glück. So einfach.

Auf diese Theorie wollte ich aufbauen. Und zwar ganz praktisch und aktiv. Im Bewusstsein, ‚mich gutfühlen' anzuhäufen und ‚mich schlechtfühlen' loswerden zu wollen, wendete ich bei vielen Dingen im Alltag ausgeklügelte Strategien an, um mich dem ersehnten Glück ein Stückchen näher zu bringen. Wenn mich also schlechte Gefühle überkamen, wollte ich sie so schnell wie möglich vernichten, um mich schleunigst wieder besser zu fühlen. Diese Quälgeister konnten aber auch nerven... Teilweise waren sie sogar richtig hinterhältig! Manchmal, da überfielen mich schlechte Gefühle, ohne dass ich mich vorher darauf einstellen konnte. Sie nutzten den Überraschungsmoment. Zum Beispiel das fiese schlechte Gewissen. Hatte ich etwas vergessen, war alles gut, solange ich es vergaß. Aber wehe, wenn ich daran erinnert wurde. Dann, zack, jagte mir das schlechte Gewissen ein Messer in den Bauch. Und dann galt es, mich schleunigst zu verteidigen. Zuerst checkte ich, ob sich nicht jemand fand, den ich dafür verantwortlich machen konnte. Jemanden, der vergessen hatte, mich zu erinnern, die bestimmte Sache nicht zu vergessen. Dann hätte ich den schwarzen Peter schön weiterschieben können, und die schlechten Gefühle wären fröhlich zum nächsten geflattert. Bot sich allerdings diese Möglichkeit nicht, blieb ich selbst auf ihnen sitzen. Dann blieb nur zu hoffen, dass sie irgendwann die Lust verloren und wieder verschwanden. Schlechte Gefühle hatten die Frechheit, selbst zu entscheiden, wie lange sie einen belästigen wollten. Es interessierte sie nicht im Geringsten, ob es zeitlich gerade passte. An einem regnerischen Novembertag, wenn ich gemütlich vor dem Fernseher lag, da hätte ich Zeit gehabt! Aber an solchen Tagen fühlte ich mich super. Keine Spur von schlechten Gefühlen. Ausgerechnet, wenn ich einen wichtigen Termin hatte und eigentlich in Topform sein wollte, ja, dann hatten sie Bock!

Ich hielt mich an meine selbst gebastelte Glücks-theorie und wollte den schlechten Gefühlen unbe-dingt den Garaus machen. Also beschloss ich, be-sagte Störenfriede einfach zu verjagen. Sie mach-ten mich wütend, weil sie meinem Glück dermaßen im Wege standen. Deshalb weigerte ich mich ab so-fort strikt, ihnen überhaupt Raum zu geben. Sobald ein schlechtes Gefühl auftauchte, fing ich innerlich an zu schimpfen. Ich baute mich mental vor den Miesmachern auf und pöbelte sie förmlich in die Flucht. Meine neue, toughe Haltung erschreckte das schlechte Gefühl dann so sehr, dass es tatsächlich umgehend das Weite suchte. Ich freute mich riesig, dass es funktionierte. Endlich mal ein Erfolgs-erlebnis in Sachen Glück!

Mit der Zeit wurde ich immer geübter darin, schlech-te Gefühle zu vertreiben. Ich fand Gefallen daran, mir nur noch die Rosinen herauszupicken. Indem ich alles Schlechte verweigerte, stand ich plötzlich auf der Sonnenseite. Alles toll, alles schön!

Besonders wenn Probleme auftraten, wendete ich meine neue Methode an und ignorierte alles, was an negativen Regungen in mir aufstieg. Das verbesserte zwar nicht die Umstände, aber ich hatte das Gefühl, über den Dingen zu stehen. Ich verlor Stück für Stück den Bezug dazu. Irgendwann war mir alles egal. Ich trieb dahin, und es kümmerte mich kaum noch, wenn es Schwierigkeiten gab.

Und dann fiel mir die Sache mit der Erleuchtung wieder ein! Ich dachte an meine königliche Vorstellung von der Erhabenheit über alle Dinge. Insgeheim hoffte ich, dass ich zufällig genau auf den richtigen Weg gekommen sei. Und als Zweifel darüber in mir hochkrochen, habe ich diese, wie es meine neue Masche war, weggeschoben. Es lief wirklich richtig gut! Kein Kummer, keine Sorgen!

Eifrig verbot ich mir immer weiter schlechte Gefühle. Hoffentlich verwechselte ich nicht mal wieder etwas. Ich wünschte mir so sehr, genau das Richtige zu tun, um mein Glück anzuschieben. In meiner heimlichen Lektüre stand doch immer, dass es darum ging, ruhiger zu werden. Man sollte die Dinge mit Abstand betrachten und eine gewisse Gelassenheit und Leichtigkeit an den Tag legen. Ich bastelte mir selbst zurecht, was erlaubt war und was nicht. Die hoch gelobten Tugenden aus meinen Büchern hielt ich ganz nach oben. Und wehe, es zeigte sich bei mir ein Gefühl oder eine Eigenschaft, die nicht in meine Vorstellung eines Erleuchteten passten, dann war es vorbei mit der Heiterkeit. Dann war Schluss mit lustig!

Ich konnte ohne zu übertreiben behaupten, dass ich immer perfekter wurde. Das begeisterte mich! Da ich mich über alle schlechten Gefühle hinwegsetzte, hatte ich immer weniger zu nörgeln. Es störte mich einfach nichts mehr. Ich war die Ruhe selbst. Alles war easy, die totale Entspannung.

Außerdem hatte meine neue Taktik einen grandiosen Nebeneffekt, der mich in meiner Theorie noch bestärkte. Andere erlebten mich neuerdings als ‚so gelassen'.

„Wie du das machst!" oder „Deine Ruhe möchte ich haben." und „Wirklich zu beneiden, dass dich das nicht stört." waren nur einige der bewundernden Aussagen. War ich wirklich auf dem Weg, ein besserer Mensch zu werden? War ich tatsächlich auserwählt, in so einer Chakren-Tabelle aus einem meiner Bücher nach oben zu steigen?

Der weise Mann und der Weg der Mitte

Während dieser Zeit musste ich manchmal an einen Schönheits-Chirurgen denken. So musste es sein, wenn man in seinem Gesicht immer neue, unliebsame Falten entdeckte und sie nach und nach ausbügeln ließ, um der Perfektion ein Stück näher zu kommen. Genau so tat ich es mit den schlechten Gefühlen.

Wenn mich etwas ärgerte zum Beispiel, dann ärgerte ich mich nicht einfach! Weit gefehlt! Ich war ja ach so belesen, ich wusste ja Wunder wie viel über die Tricks und Kniffe, dem Ärger ein Schnippchen zu schlagen. Die Zeit, die ich in meine Lektüre investiert hatte, sollte sich doch gelohnt haben! Ich war schlauer als der „sich-otto-normal-ärgernde". Statt meinem Ärger einfach Luft zu machen, verneinte ich ihn von Haus aus erstmal. Ich doch nicht! Ich empfand doch nicht so etwas Niederes wie Ärger! Darüber war ich doch längst hinweg. Das fühlte sich an, als würde man mich vom Abiturienten zum Erstklässler degradieren. So kurz vor der Erleuchtung ärgerte man sich natürlich nicht mehr...

Man hatte anderes zu tun, wenn Ärger auftauchte. Nehmen wir an, es gab ein Telefonat, und jemand kam einem dumm. Das kam ja mal vor. Wie schnell hatte sich ein Gesprächspartner im Ton vergriffen oder sein Taktgefühl kurz beurlaubt. Vielleicht gab es auch ein Missverständnis. Jedenfalls wurde man unschön in ein falsches Licht gerückt und ziemlich frech vor den Kopf gestoßen. Konnte passieren. Dann roch es verdammt nach ‚sich ärgern'. Aber, wie gesagt, da ich ja auf dem Pfad in Richtung Glück unterwegs war, stellte ich mein Gefühl des Ärgers erst einmal schön hinten an. Das wäre ja auch zu einfach gewesen. Womöglich noch losmeckern, rummotzen, oder gar mit dem Fuß gegen ein Stuhlbein treten! Vielleicht auch noch zu allem Überfluss das Gesicht vor Wut verziehen? Nein, das ging gar nicht!

Der weise Mann war besonnen. Jawohl! Er nahm einen Umweg. Er betrachtete die Gesamtsituation. Er untersuchte zuerst, ob er selbst die Reaktion seines

Gesprächspartners herausgefordert und ihn vielleicht aus der Reserve gelockt hatte. Der weise Mann hatte sich angeeignet, den Fehler bei sich selbst zu suchen. Wenn er dort aber nicht fündig wurde, galt es, die bedauernswerte Person am anderen Ende der ‚Strippe' zu analysieren. Eventuell gab es persönliche Gründe für ihr Fehlverhalten. Von schwieriger Kindheit bis Unzufriedenheit im Berufsleben wurde alles beleuchtet, um eine angemessene Entschuldigung für ihren Fauxpas zu finden. Wenn auch da nichts Plausibles zu holen war, hatte man noch ein Ass im Ärmel: ‚Ich will mal nicht so sein' ging immer. Es war ja kein Geheimnis, dass der Klügere nachgab. Und das imaginäre Bild eines weise lächelnden Buddhas bestärkte natürlich ungemein, Nächstenliebe walten zu lassen. So viel Milde für den… soll ich es sagen? Für den Feind!

So war es doch in Wirklichkeit. Wenn einem sein Gegenüber verbal einen überbügelte, war er klipp und klar in dem Moment der Feind! Zumindest ein ausgesprochener Blödmann, der einem den Puls nach oben trieb. Nur dummerweise passte dieses

Gefühl nicht mit meiner tollen Vorstellung eines Erleuchteten zusammen. Ich wollte keiner sein, der sich über jemanden am Telefon ärgerte. Ich wollte mich viel lieber als Menschenfreund präsentieren. Als ‚Alles-Versteher' und ‚Drüber-Steher'. Das erschien mir erstrebenswerter. Schließlich ging es doch um mein Glück, da gehörte so ein ‚Zwischenfall' einfach nicht hin!

Harmonisch sollte es doch bitte sein. Wenn man ein besserer Mensch werden wollte, war Ärger absolut fehl am Platze.

Und es war nicht nur Ärger, den es auf dem Weg zum Glück zu vermeiden galt. Aufgrund meiner konkreten Vorstellung, wie ich als mental gereifter, weiser Mann sein wollte, musste ich leider alle Regungen, die im Allgemeinen als egoistisch bezeichnet wurden, aussortieren. Alles, was nicht nach Gelassenheit und Sanftmut aussah, flog raus!

Nehmen wir zum Beispiel das Gefühl der Eifersucht. Eifersüchtig? Ich? Lächerlich!

Natürlich war man heutzutage nicht eifersüchtig. Ganz locker tolerierte man auch die abenteuerlichsten Ideen des Partners, wenn man etwas auf sich hielt. Das war lässig und selbstbewusst, sozusagen ‚Vorraussetzung für eine gute Beziehung'. Na dann… Wie sollte man da noch zugeben, dass es einen in manchen Situationen vor Eifersucht in den Magen boxte? Schließlich stand Eifersucht auf der gesellschaftlichen Hitliste für ‚Unglück' ganz weit oben. Also musste sie weg, obwohl sie eigentlich da war.

Ich hatte das Bild im Kopf, dass ich dem Glück dicht auf den Fersen war, wenn ich meine persönlichen ‚Befindlichkeiten' mehr und mehr abstellte. Je mehr positive Charaktereigenschaften, desto besser. Wer wollte schon schlecht gelaunt, traurig, deprimiert oder unzufrieden sein? Das musste ja zwangsläufig unglücklich machen. Wie schrecklich. Gescheiterte Existenzen kannte man doch nur aus den Erzählungen über dritte. Für mich selbst kam das nun wirklich nicht in Frage! Das war auch gar nicht mehr zeitgemäß. Über den Dingen stehen war total modern. Das spielte mir extrem in die Karten, denn etwas zugeben war eine Kunst für sich, die ich nicht wirklich gut beherrschte. Viel einfacher war es, sich auf den Weg des Glücks zu machen, in welcher Form auch immer. Ich war eher bereit, alle möglichen Dinge auszuprobieren, zu befolgen oder zu unterlassen, als mir ganz simpel ins Gesicht zu sehen. Ein einfaches Eingestehen von „Ja, ich fühle mich gerade beschissen", hätte mir eine Menge Irrungen und Wirrungen erspart.

Ich war aber auch ganz besonders schlau! Ich dachte, ich konnte die Sache mit den Gefühlen einfach abkürzen. Es hieß doch immer, dass sich der weise Mensch nicht aus der Ruhe bringen ließ. Nichts leichter als das!

Eigentlich habe ich ganz direkt geradeaus gedacht. Das ganze Drama und Theater der Gefühlsduselei hielt mich ja offensichtlich vom Glück ab. Da lag es auf der Hand, sich über den ganzen Kram möglichst schnell hinwegzusetzen. Das Glück sollte ja kommen, wenn man ‚sich selbst' überwunden hatte. War

es mir da zu verdenken, dass ich auf direktem Wege meinem ‚Gefühlszeug' den Rücken zukehren
wollte? Es ließ sich doch wunderbar überspringen!
Keine Gefühle, kein Stress! Es war offensichtlich
Zeitverschwendung, sich mit ihnen abzugeben,
wenn doch die wirklich klugen Menschen erhaben
über ihre Gefühle waren. Ich habe gedanklich wahre
Kunststücke vollführt, um mich emotional aus der
Schusslinie zu holen.

Zwar selten, aber es kam vor, dass ich Mist baute.
Also nicht so richtig, aber doch schlimm genug, um
damit den einen oder anderen zu verärgern. Gerade
wenn es um so ‚Teamgeschichten' ging, da war es
schon blöd, wenn ich zum Beispiel etwas übersehen
hatte, eine falsche Entscheidung getroffen oder
schlicht etwas falsch verstanden hatte. Dann galt
es, auf Leben und Tod zu verhindern, dass ich mit
meinem Fehler aufflog. Obwohl ich damit Akkord-
arbeit leistete, wurde ich zuweilen entlarvt. Aber
statt wenigstens dann klein beizugeben und mit ge-
radem Rücken den Fehler einzugestehen, ließ mein
Gehirn immer noch nicht locker und zog an den

Haaren Gründe herbei, warum ich denn nun so und nicht so gehandelt hatte. Für meinen Verstand gab es kein Aufgeben, kein Farbebekennen oder Eingestehen. Er wollte meine angebliche Unschuld bis aufs Blut verteidigen. Meinem Verstand war es das Wichtigste auf Erden, mich gut dastehen zu lassen. Es war ein solides und seriöses Selbstbild, das mich zu Höchstleistungen der Verteidigung antrieb.

Geschürt durch das Lesen meiner Bücher formte sich daraus Stück für Stück die Figur eines weisen Mannes, der erleuchtet wie ein Buddha, ein wahrer Segen für die Menschheit sein sollte.

Gruselig? Gruselig. Aber ich wusste es nicht besser. Ich dachte, ich tue damit Gutes!

Es war schon verrückt, wie ich strampelte, um alles im Griff zu behalten. Noch skurriler wurde es, wenn es um positive Gefühle ging. Man sollte ja meinen, dass das Leben in Ordnung war, wenn man sich gerade freute. Von wegen! Auch wenn Freude angesagt war, habe ich diese erstmal schön gedanklich zerhackt. Es ging zwar ganz banal mit Freuen los, aber nur kurz. Lieber nicht zu viel des Guten. Freude war ja okay, aber wer wusste schon, wie lange sie anhielt! Gefährlich! Wer sich doll freute, konnte tief fallen, wenn die Freude vorbei war. Also sofort Abbruch der Aktion! Den erhobenen Zeigefinger vor Augen blieb es somit bei einer gepflegten, bedeckten Freude mit einem dicken ‚Aber' für den Fall der Fälle.

Hervorragend, wie ich fand. Die Bestätigung gab es ja auf dem ‚Weg der Mitte'! War es nicht so, dass dieser beschritten werden sollte, wenn es um das ganz große Glück ging? Also war das Relativieren der Freude doch genau die richtige Vorgehensweise, um ein ‚wischi waschi' Mittelmaß zu erhalten. Bingo!

Türsteher Verstand

Ich hatte eindeutig die Macht! Mein Verstand war mein Instrument, mein Bestimmer und Beschützer. Er kontrollierte und sortierte zu meinem Besten aus. An ihm kam nichts vorbei, er war mein Türsteher mit extra breitem Kreuz. Weil ich ja meinen Verstand mit den Informationen aus meinen Büchern fütterte, hatte er eine genaue Vorstellung von dem, was er an mich heranlassen durfte und was von mir ferngehalten werden musste. Stets bereit, mich zu verteidigen, schirmte mein Türsteher alles ab, was mir seiner Meinung nach schaden konnte. Und selbst wenn es ihm nicht gelingen würde, mich als erleuchteten Buddha lächelnd durch die Gegend wandeln zu lassen, gab es genug erstrebenswerte Eigenschaften, die es auszubauen galt. Ein besserer Mensch konnte ich ganz bestimmt werden, wenn ich mich nur genug anstrengte. Und dann gab es den Bonus! Das ganz große Glück!

Ich glaubte allen Ernstes, durch das Anhäufen guter

Eigenschaften und das Züchten von Gelassenheit auf dem richtigen Weg zu sein.

Die Welt da draußen passte sich mir nur leider nicht an. Immer wieder stellte sich das verflixte Leben quer. Es wollte mir ständig Gefühle anhängen, die nicht in mein Bild passten. Da blieb mir doch nichts anderes, als solange gedanklich an ihnen herumzubasteln, bis ich sie mit meinen eigenen Vorstellungen vereinbaren konnte. War das umständlich? Ja, aber notwendig. Es war sehr verlockend, ein absolut netter Kerl ohne Ecken, Kanten und Macken zu werden. Damit musste man doch mindestens genauso viel Glück abbekommen wie die Glücklichen, die herumliefen, oder?

Für mich war es wirklich dringend, an das Glück der anderen anzuknüpfen. Ich hatte das Gefühl, mich beeilen zu müssen, um den Anschluss nicht ganz zu verpassen. Es sollte doch niemand dahinterkommen, dass ich arme Seele immer noch hilflos unglücklich war.

Also machte ich mir zur Gewohnheit, eine Abkürzung zu nehmen. Ich ging einen Weg, der schneller sein sollte, als die normale Strecke. Ich beschloss einfach, Eigenschaften zu besitzen, die ich in Wirklichkeit gar nicht hatte. Jedenfalls noch nicht! Ich wollte sie mir ja so schnell wie möglich aneignen, weil sie perfekt in mein Selbstbild passten.

Wenn mir zum Beispiel etwas gehörig gegen den Strich ging, ich mich aber besser fand, wenn ich es tolerierte, dann tat ich einfach so, als würde ich es total okay finden. Ich musste ja nur noch ein klitzekleines Bisschen an mir arbeiten, bis ich es wirklich tolerierte. Diesen winzigen Unterschied konnte ich auch eben schnell überspringen. Selbst wenn es vor Intoleranz in mir tobte, mein Türsteher Verstand entschied sich für Toleranz. Ich hatte einfach keine Geduld, so lange zu warten, bis ich irgendwann von allein toleranter wurde. Man stelle sich vor, ich wäre vielleicht nie automatisch so geworden! Nicht auszudenken! Toleranz sollte doch meine heilige Gelassenheit ausdrücken…

Oder wenn ich sauer war, dann nahm ich keineswegs den Weg, einfach sauer zu sein. In dem Bild, das ich über mich erstellt hatte, fand ich es viel besser, Ruhe zu bewahren, wenn ich wütend war. Ich stellte mir vor, gelassen und sachlich ein kluges Statement abzugeben, das ausdrückte, was mir nicht gefiel, aber alle anderen gleichzeitig mit Respekt behandelte. Ich wollte in meiner Wut neutral bleiben, lässig, frei von menschlichem ‚Kleinkram'. Ich war ja offensichtlich zu Höherem befohlen so kurz vor der Erleuchtung! Ich dachte wirklich, ich hätte es nicht mehr nötig, mich aufzuregen. Das wollte ich gern ‚schon überwunden' haben. Außerdem war ich ein lösungsorientierter Mensch. Ein Gefühl war ein Problem, und ein Problem musste weg!

Ein einfaches „Ich bin traurig" bei Traurigkeit ging also nicht. Mein Verstand war auch dort sofort zur Stelle: „Was? Du bist traurig? Wie können wir das ändern? Was macht dich wieder fröhlich?" Und dann wurden so lange Vorschläge gemacht, bis etwas gefunden war, das mich wieder aufmunterte.

„Puh, gerade noch einmal gutgegangen. Er lacht wieder!"

Also wie soll ich es sagen? Erst wollte ich es ja nicht wahrhaben, aber meine Gefühlswelt glich allmählig einer überoperierten Fratze. Die guten Gefühle wollten durch meine Strategie einfach nicht das Kommando übernehmen. Der gewünschte Effekt blieb aus. Nichts Schlechtes hieß also nicht automatisch mehr Gutes. Vom Glück war ich weiter entfernt als je zuvor. Vielleicht machte ich die anderen glücklich, weil ich so ‚pflegeleicht' geworden war. Aber ich selbst?

Ich gestand mir ein, mal wieder falsch abgebogen zu sein.

Der Kanal

Als hätte ich nicht schon genug Probleme, muckte dann auch noch mein Blutdruck auf. Bevor er das tat, wusste ich nicht einmal, dass ich ihn besitze. Aber dann, durch die ständigen Kontrollen, wurde er mir ziemlich gegenwärtig. Wie gut, dass es eine Pille gab, die ab sofort die Aufgabe übernehmen sollte, meinen neuen Bekannten etwas zu besänftigen. Ein wahres Wundermittel, wenn da nicht die winzige Nebensächlichkeit einer Nebenwirkung gewesen wäre. Das verunsicherte mich zuerst stark, aber da wusste ich auch noch nicht, dass es eine unfassbar einfache Lösung dafür gab: Eine zweite Pille, die nun wiederum die erste in Schach zu halten versuchte. Schade. Gerade kennengelernt, musste ich meinen Blutdruck umgehend in die Hände der Pharma-Industrie abgeben. Damit wollte ich mich nicht zufrieden geben! Also beschloss ich, meinen Blutdruck eine Weile ohne Pillen zu beobachten. Ich stellte nach einigen Wochen und etlichen Messungen fest, dass er in der Lage war, ein weites Spektrum an Werten hinzulegen. Je nachdem, wie ich mich fühlte, schlug er mal mehr und mal weniger aus. Er war offensichtlich so etwas wie ein Stimmungsbarometer. Ich wollte ihn auf keinen Fall mit einer Pille nötigen, die Bälle flach zu halten.

(An dieser Stelle sei erwähnt, dass ich mich körperlich absolut gesund fühlte und sich alles in mir wehrte, diese Pillen einzunehmen. Ich will damit in keinster Weise pauschalisieren, dass Andere besagte Pillen verweigern sollen!)

Um noch einmal auf das Stimmungsbarometer zu kommen, ein Philosoph sagte einmal: ‚Alles fließt'. Ich überprüfte daraufhin meinen Gefühlshaushalt und stellte fest, dass sich das bei mir ganz und gar nicht so anfühlte. Es stockte und ruckte in mir und holperte und stolperte. Ich trat auf der Stelle und fühlte mich komplett festgefahren. Mit ‚fließen' hatte das wenig zu tun. Ich erinnerte mich an eine Textstelle aus einem meiner Bücher zurück. Dort hieß es, das natürliche Dasein eines Menschen sei wie ein Fluss, der sich in den unterschiedlichsten Windungen durch die Landschaft schlängelt. Das wäre angeboren und gesund. Wenn ich dagegen mich betrachtete, war ich eher ein Kanal. Ich hatte das Ufer penibel korrekt begradigt und benutzte meine eigenen inneren Gesetze als Steine, um schön ordentlich das Ufer damit zu pflastern. Und wehe, wenn sich auch nur ein Grashalm durch die Ritzen bohrte! Und nun sollte ich auch noch Pillen in die Fugen schmieren? Natur war anders.

Mein Verstand aber wollte von ‚unterschiedlichen Windungen' nichts wissen. Er liebte es konstant und wollte immer alles gleich für immer. Er musste sich festlegen und konnte schwer wieder von einer ein-mal getroffenen Entscheidung abweichen. Er pochte auf Beständigkeit. Was erst einmal beschlossen war, galt für die Ewigkeit. Und so stellte sich mein Verstand auch die Sache mit dem Glück vor. Be-ständig, kontinuierlich, verlässlich. Jegliches Auf-treten von Veränderung wurde sofort ‚schwierig', denn das beständige Glück war in Gefahr. Nehmen wir an, ich hatte schlechte Laune, dann dachte mein Verstand sofort, dass sie nie mehr weggehen wür-de. Deshalb musste sie sofort bekämpft werden, ich gehörte doch zur Fraktion ‚happy'!

Das Bild, das ich von mir hatte, war so feststehend und beständig wie meine Vorstellung vom Glück. So und so wollte ich sein. Da war kein Platz für Flexibilität oder Veränderung. Es gab keinen Raum für die Vorstellung, dass ich eventuell heute so und morgen ganz anders sein konnte. Darum auch die Abneigung gegen Gefühle, denn sie waren immer so wechselhaft. Sie passten nicht ins Raster. Mein Verstand war da viel verlässlicher. Ich mochte seinen Ehrgeiz, beständig zu sein. Er bemühte sich nach Kräften, mein Glück dauerhaft zu machen. Das gab Sicherheit. Wunderbar! Darum auch dieses ewige Gutmenschgehabe… Da ging es auch um Beständigkeit. Wenn ich zum Beispiel mal wieder die Eingebung hatte, mich gesund ernähren zu müssen, schleppte ich Unmengen an Grünzeug aus dem Bioladen nach Hause. Die ersten zwei Tage schnippelte und dippte ich voller Begeisterung. Ich nahm mir ganz fest vor, ‚beständig' so bewusst weiter zu essen. Das versprach Glück! Am dritten Tag konnte ich mich noch überreden, wenigstens abends gesund zu kochen, und am vierten Tag wurden meine Gemüsereste an die Kaninchen der Nachbarn verfüttert. So war es immer. Riesiger Vorsatz und doch nichts dahinter…

Beim Sport war es nicht anders. Schon wieder eine glücksverprechende Idee. Um mich zur Beständigkeit zu motivieren, kaufte ich gern gleich eine ganze Ausrüstung, wenn ich eine neue Sportart ausprobierte. Selbst zum Spazierengehen hätte ich am liebsten einen Wanderweg gepachtet. Und trotz alledem scheiterte ich wieder an der verflixten Beständigkeit. Ich wurde einfach keine Sportskanone.

So wechselten sich immer neue Ideen mit dem Frust des Scheiterns ab. Ich hatte es so satt…

Es war aber auch so umständlich, sich den Stimmungen seines Daseins hinzugeben. Wer hatte schon die Zeit, sich um alle kleinen Befindlichkeiten zu kümmern?

Ich wollte im Leben flott vorankommen, ich hatte Ziele und Pläne, und die erfüllten sich nicht von allein. Da musste ich schon etwas dafür tun und wollte nicht ständig aufgehalten werden, weil mir lästige

Gefühle einen Strich durch meine wichtigen Rechnungen machten.

Offensichtlich gab es immer wieder einen Konflikt zwischen meinem Türsteher Verstand, der sich eifrig um mein Wunschbild kümmerte, und meinen quengelnden Gefühlen, die meine Vorhaben boykottierten. Wir passten nicht zusammen. Meine Gefühle waren längst nicht so fortgeschritten wie mein Verstand. Sie waren wahre Neandertaler gegen meine moderne Einstellung. Sie nörgelten herum, nur weil ich ihnen falsche Etiketten aufklebte. Olle Spielverderber! Sie ließen einfach nicht über ihren ‚Kopf' hinweg ihr Vorzeichen ändern. Es blieb ein ständiger Kampf der Giganten. Verstand gegen Emotionen.

Achterbahn und stille See

Während ich das hier so tippe, denke ich, meine Herren, was hast du dir für einen Stress gemacht! Wie viel Aufwand hast du betrieben, um dich in ein Licht zu rücken, das dir gefällt. Wie viel einfacher wäre es gewesen, wie viel entspannter hättest du sein können, wenn du deinen Türsteher gefeuert hättest. Was wäre schon großartig passiert? Sicher, mit dem Buddha wäre es vorbei gewesen. Erleuchtung ade. Der ewig Gütige wäre Geschichte.

Aber war diese Erleuchtung vielleicht gar nicht so erstrebenswert, wie ich dachte? Was hatte ich denn erwartet? Glaubte ich wirklich, aus dem Spiel des Lebens aussteigen zu können? Hatte ich ernsthaft gehofft, nur noch von Sahnehäubchen zu Sahnehäubchen hüpfen zu dürfen?

Hier mal schnell schnell den Heiligenschein aufsetzen ‚war wohl doch nicht'!

Ich tat ja fast so, als würde das tägliche Leben um mich herum anhalten, nur um mich und meine gezüchtete Gelassenheit zu huldigen. Das wäre toll gewesen, aber die Realität sah anders aus. Während ich nach Beständigkeit schrie, flüsterte mir das Leben etwas anderes.

Die Welt da draußen war nicht wie ich. Sie liebte es, ständig in Bewegung und immer im Wechsel zu sein. Sie erneuerte und veränderte sich, blühte auf und verwelkte auch mal. Hü und hott, das volle Programm. Ohne Pause, wie es ihr gefiel. Anscheinend ohne Rücksicht, ohne Vorwarnung und manchmal ziemlich gemein. Und gleichzeitig produzierte sie wie aus dem Nichts Schönheit und Wunder, dass man nur staunen konnte. Die Welt war zugleich Achterbahn und stille See. Alles war möglich. Und ich stand mittendrin mit einer Handvoll Ratschlägen, die sich so bedeutungslos dagegen anfühlten. Was hätte ich tun sollen? Lieben? Meditieren? Das berühmte ‚Nichts' praktizieren oder mir die sofortige Erleuchtung herbeiwünschen? Was von all dem Gelesenen half mir, wenn mein Leben gerade Jahrmarkt hatte und ich kotzend über der Reling hing?

Die Welt hatte so viel Power! Dagegen war ich eine

lahme Krücke, die sich manchmal schon mit Kleinigkeiten überfordert fühlte. Die Vielfalt an Eindrücken und Möglichkeiten erschlug mich förmlich. Wie oft stand ich mit offenem Mund vor vollendeten Tatsachen und dachte: „Das kann nicht sein!" Und trotzdem war es so…

Wo ich vor kurzem noch glaubte, mit meiner anstehenden Erleuchtung die Weltherrschaft zu übernehmen, fühlte ich mich jetzt wie das kleinste Licht der Erde. Ich war augenscheinlich so unbedeutend, dass das Leben einen Bogen um mich machte. Zumindest wurde ich nicht nach meiner Meinung gefragt. Sachen passierten, egal, wie ich das fand.

Offensichtlich ließ sich der natürliche Lauf der Dinge nicht austricksen. Weder ausgeklügelte Strategien noch irgendeine Klangschale konnten mir helfen. Ich hatte keine Lust mehr. Ich war müde und erschöpft, immer wieder krampfhaft nach der Lösung zu suchen, um endlich glücklich zu werden. Es war ja auch so aussichtslos. Bei mir war die Luft raus. Genug der Anstrengung. Ich mochte nicht mehr weitersuchen. Mir wurde das alles zu viel. Das ewige ‚glücklich werden' ging mir auf die Nerven. Zugeben war ja nicht so meins, aber diesmal konnte ich nicht anders. Ich kapitulierte. Meine Jagd war vorbei. Ich schwenkte die weiße Fahne und fasste einen Entschluss: Es war an der Zeit, meine Suche nach dem Glück aufzugeben.

Tief in mir drinnen wusste ich längst, dass ich das Glück auf diese Weise nicht finden konnte. Aber wie so oft fiel es mir schwer, mich nicht weiter an meiner Idee vom Glück festzubeißen. Ich war so sehr damit beschäftigt, mein Ziel zu erreichen und konnte es nur schwer aufgeben. Aber jetzt war es soweit.

Mein Türsteher Verstand war entsetzt. Er brüllte förmlich nach einer Erklärung. Er wollte eine zweite Chance und flehte mich an, noch nicht aufzugeben. Aber ich war mir sicher wie nie zuvor. Ein wenig ungelenk, aber entschlossen, stieg ich von meinem hohen Ross.

Ich atmete tief durch. Mir war plötzlich klar, dass ich meine Zeit verschwendete. Wie hätte ich weitermachen sollen? Wie gehabt, dem Glück hinterherjagen? Wie gewohnt versuchen, mein Unwohlsein abzuschütteln? Rumnörgeln? Unzufrieden bleiben? Um Erleuchtung betteln? Auf keinen Fall! Wenn das Leben sowieso machte, was es wollte, dann konnte ich das auch.

Ab sofort sollte mein Leben mir gehören!

Natürlich konnte man jetzt einwerfen: „Wieso das denn? Dein Leben gehört dir doch ohnehin." Ehrlich gesagt fühlte es sich nicht so an. Viel zu oft handelte oder reagierte ich zu schnell, weil ich das Gefühl hatte, in Zugzwang zu sein. Ich gönnte mir nicht die kleine Lücke, die mich hätte frei und unabhängig entscheiden lassen. In diesen Momenten waren alle Gegebenheiten extrem wichtig. Ich war mächtig beeindruckt von dem Geschehen um mich herum. Da blieb mir keine Zeit, auch noch auf mich selbst zu achten. Das waren Situationen, in denen ich ‚unter Strom' stand. Alles musste schnell gehen, damit ich es endlich wieder von der Backe hatte. ‚Es von der Backe haben' bedeutete, endlich wieder seine Ruhe zu bekommen. Luft zu haben. Eine Pause machen

zu können. Ich hetzte, um Zeit zu gewinnen. ‚Zeit'
war ein Moment ohne Sorge und rotierende Gedanken. ‚Zeit haben' war der wahre Schlüssel zum
Glück. Keine Hektik und Verpflichtung. Urlaub von
allem. Wie sagte man so schön? „Mal raus aus dem
Trott!"

Stressbolzen Verstand

Ich begriff endlich, wie gestresst ich eigentlich war!

Das war mir vorher gar nicht bewusst! Natürlich hatte ich einiges zu tun. Aber es war nicht so, dass ich ununterbrochen Verpflichtungen nachgehen musste. Ich hatte schon auch Freizeit. Aber mein Verstand kannte dieses Wort nicht. Dem war egal, ob Dienstag oder Sonntag war, Weihnachten oder Wandern. Er gönnte sich nie eine Pause! Also besser gesagt mir. Wann gab er je Ruhe, sodass ich verschnaufen konnte? Ich kann mich nicht daran erinnern.

Mein Verstand hatte mir immer viel zu erzählen. Die Dringlichkeit seiner Worte unterstrich er gern mit Übertreibungen. Wie oft machte mein Verstand aus einer Mücke einen Elefanten! Dann verglich er mich mit anderen und übte Druck aus, indem er sich ein „Siehste!" nicht verkneifen konnte. Energisch trieb er mich an, immer größere Ziele zu erreichen. Und wenn ich nicht mitmachen wollte, quittierte er es mit Frustration. Er hatte immer neue Ideen, was er von mir verlangen konnte. Höher, weiter, schneller. Seine Devise war ‚Vollgas’, auch wenn er das geschickt zu verpacken wusste. Man beachte die verlockende Vorstellung, irgendwann erleuchtet zu werden. Da hieß es ja nicht einfach: „Los, mach schon!“ Nein, es sollte mein eigener Verdienst werden! Stolz sollte ich darauf sein, und glücklich sollte es machen! Kein Wunder, dass ich mich bei so einem Angebot ordentlich ins Zeug legte…

Wer konnte denn ahnen, dass mein Verstand in Wirklichkeit größenwahnsinnig war, und wohl doch nicht so klug, wie er vorgab.

Aus diesem Grund hatte mein Verstand auch so ein Problem mit meinen Gefühlen. Er erachtete sie als hinterwäldlerisch. Sie wären nicht mehr zeitgemäß, darum wollte er sich nicht mit ihnen aufhalten. Mit einem lautstarken „Platz da, jetzt komm’ ich!“ eilte mir mein Verstand stets voraus, während ich selbst noch ganz woanders stand. Immer wieder brannte er mir durch und marschierte mit aufgestellten Ellenbogen voran. Deshalb galt es jetzt, zusammenzuführen, was auseinandergedriftet war. Ich musste meinen Stressbolzen Verstand gehörig an die Kandare nehmen. Diese Hast, diese Eile, dieses Wettrennen gegen mich selbst bescherte mir extremes Unwohlsein.

Ich erwischte mich immer wieder dabei, wie ich mich stresste. Da offenbarte sich das Leben vor mir, und ich jagte im Eiltempo daran vorbei. Ein völlig unnützes Unterfangen, das mich sehr unglücklich machte.

In mir klopfte gelegentlich diese Sache mit dem sich schlängelnden Fluss des Lebens an. Das klang so gar nicht nach Überholspur. Die Vorstellung dieses natürlich verlaufenden Gewässers berührte etwas in mir, das der ganze theoretische Kram, den ich vorher ausprobiert hatte, nicht erfassen konnte. Wie auch? Meine ständigen ‚Testphasen' warfen mich eher zurück, als dass sie mir halfen. Jetzt fehlte mir Genau das, was ich vorher an mir ‚abzustellen' versuchte.

Ich hatte das natürliche Fließen meines eigenen Charakters ständig durch irgendwelche Übungen und Maßregelungen unterbrochen. Ich war so verstrickt in meine Gedanken und Ziele, dass mein natürliches Dasein, ich, Marc, auf der Strecke blieb. Ich musste erst einmal wieder dafür sensibel werden, dass ich selbst in meinem Leben stattfand.

Wo waren denn die Kurven und Schlenker, der natürliche Lauf meines persönlichen Daseins? Wo war meine Individualität, mein ganz eigener Plan, mein auf mich geprägter wilder Fluss, der sich kreuz und quer durch die Landschaft schlängelte? Was trug meine Handschrift? Was war für mich allein von Natur aus gegeben? Was machte nur mich aus?

Durch die selbst auferlegten Einschränkungen und das von mir erstellte Bild, wie ich gern sein wollte, ging mir das alles verloren. Eigentlich schlummerten in mir tausend Dinge, die endlich an die Sonne wollten, und ich war es so Leid, ständig dem perfekten Bild hinterherzurennen, das ich mir selbst auferlegt hatte.

Mein wirkliches Glück stellte sich ganz anders dar, als das, was ich mir die ganze Zeit zusammengereimt hatte. Von wegen Gelassenheit und Sanftmut!

Teil II

Hier wird mit angepackt

Ich war einem Irrtum auf den Leim gegangen. Von nun an ruderte ich zurück. Eben noch ein Heiliger, hielt ich jetzt ganz kleinlaut die Füße still. Vorbei waren die Zeiten der spektakulären Erleuchtungs-versuche. Das ganze Unterfangen bekam nun eher einen lächerlichen Beigeschmack. Da habe ich ja wohl eine ganz schön schräge Idee gehabt…

In meinem Leben begann eine neue Zeitrechnung. Ich trat auf die Bremse und versuchte erstmal zur Ruhe zu kommen. Mein Verstand hielt freiwillig die Klappe. Es kam mir vor, als wäre es ihm selbst peinlich, dieses Erleuchtungs-Ding immer weiter an-getrieben zu haben.
Wir beide, mein Verstand und ich, gingen zaghaft die ersten Schritte in unser ‚neues Leben'. Wir wa-

ren ganz vorsichtig und hielten vor Spannung fast die Luft an. Wir horchten und fühlten hin, wir schnupperten regelrecht, als würden wir Witterung aufnehmen. Mit allem, was wir waren, tauchten wir ein in die, Achtung, Trommelwirbel:

Wirklichkeit!

Herzlich willkommen in der Realität! Es ist schon komisch, sich nicht mehr in irgendwelche Bücher und Ziele zu flüchten. Ich fühle mich fast ein bisschen ‚nackig’, so ganz ohne meine aufgeplusterten Vorstellungen von mir. Aber ein Zurück gibt es nicht. Nun bin ich einmal da, dann will ich auch bleiben.

Hier ist alles sehr einfach, beinahe ‚nüchtern’. Hier wird nicht so viel Wirbel gemacht um die Dinge. Aber das ist äußerst angenehm. Dadurch gibt es keinen Stress. Der ist hier nicht nötig. Hier haben alle die Ruhe weg. In der Wirklichkeit hat jeder genügend Zeit. Keiner hat Grund, ein ‚Fass’ über irgendein Problem ‚aufzumachen’. Es gibt nicht einen einzigen wildgewordenen Verstand, der Hysterie verbreitet. Angelegenheiten werden ganz anders angegangen, als ich es kannte. Dass ich da nicht selbst drauf gekommen bin…

Wirklich sensationell, wie die Dinge hier gehandhabt werden. Und ich kann einfach mitmachen. Ich bin zwar immer noch der Gleiche, eigentlich habe ich mich überhaupt nicht verändert, aber alles ist viel leichter als vorher.

Auch hier kommt es vor, dass man zuweilen frustriert ist. Wenn etwas nicht klappt, wie man es sich erhofft, ist man enttäuscht und niedergeschlagen. Schließlich hat man sich ordentlich ins Zeug gelegt und sein Bestes gegeben. Da will man natürlich auch einen Erfolg sehen. Mal funktioniert es, mal aber eben nicht. Und wenn es nicht hinhaut, lässt das, genau wie früher bei mir auch, die Laune in den Keller rutschen. Aber hier gibt es einen bahnbrechenden Unterschied! In der Wirklichkeit macht es nichts! Nichts und niemanden stört, dass man gerade frustriert ist. Nicht einmal man selbst hat das Bedürfnis, sich in ein besseres Licht zu rücken. Man ist nicht in Zugzwang, sich umgehend aus der Misere zu retten. Auch nörgelt man selbst nicht mehr daran herum, dass man gerade schlecht drauf ist. Es ist völlig okay, eine Zeitlang frustriert zu sein. Man versucht nicht, seine Niederlage zu beschönigen. Man hat quasi die Freiheit, eine Weile verstimmt zu sein. Warum auch nicht. In der Wirklichkeit kann man sich die Zeit nehmen, einen Rückschlag sacken zu lassen. Hier würde niemand auf die Idee kommen, ein Brimborium darum zu machen. Es gibt kein: „Alle mal herhören! Marc ist schlecht drauf, ruft den Notarzt! Hoffentlich überlebt er!", so wie ich das früher gehandhabt habe. Hier erwartet nämlich niemand, dass man immer ‚gelassen' und ‚sanftmütig' ist. Alle wissen, dass zu verschiedenen Anlässen verschiedene Gemütslagen auftreten. Das ist in der Wirklichkeit so normal, wie essen, wenn man Hunger hat…

Oder wenn ich mich daran erinnere, wie schwierig es früher für mich war, auch mal zu faulenzen… Dann habe ich mich sofort ermahnt, nicht ernsthaft faul zu werden und mich umgehend angetrieben, etwas agiler zu sein. Aber hier nimmt man an, was kommt und denkt sich: „Faulenzen? Wunderbar!" Es gibt eine innere Gewissheit, dass das Bedürfnis nach Faulenzen nur eine Weile anhält. Dadurch wird man in der Wirklichkeit nicht automatisch ein ‚Rumgammler', sondern gönnt sich ganz unspektakulär ein wenig Ruhe.

Genauso, wenn es um schöpferische Phasen geht. Hat man hier eine besonders kreative Welle, hängt man sich voll rein und ‚lässt laufen', was raus will. Aber wenn diese besondere Energie wieder abflacht, trauert man ihr nicht nach. Man ist stolz auf das, was man erschaffen hat und erahnt, dass eine neue kreative Phase schon in den Startlöchern steht. Man höre und staune, aber in der Wirklichkeit gibt es keinen Druck, dass Kreativität am Fließband produziert werden muss.

Oder nehmen wir das Gefühl der Traurigkeit. Was habe ich damals alles versucht, um mich abzulenken und wieder aufzumuntern, wenn ich mal traurig war. Da mussten tonnenweise positive Gedanken aufgefahren werden, um die Sonne wieder scheinen zu lassen. Hier in der Wirklichkeit gibt es ein unfassbar tolles Rezept gegen Traurigkeit. Kostenlos und ganz ohne Nebenwirkungen! Es wird tatsächlich einfach – geweint. Der Hammer ist, dass niemand versucht, das zu verhindern. Alle kennen die heilende Wirkung, und keiner will das Weinen vorzeitig beenden. Neulich sagte sogar jemand zu mir, dass jede Träne eine Pille gegen Traurigkeit ersetzen würde. Da schau' her…

Außerdem dachte ich, in der Wirklichkeit würde es keine Wut geben, da war ich wirklich ‚schief ge-wickelt'. Hier macht man seinem Ärger sogar gehö-rig Luft! Es wird getobt und hemmungslos drauflos gepoltert. In einem Moment der Wut bleibe nicht mal ich der nette Onkel! Manchmal ist auch mit mir nicht gut Kirschen essen. Die anderen weichen dann kurz zurück, um sich ‚in Sicherheit' zu bringen, sind aber später ‚wieder gut mit mir'. Andere nicht.
Nachtragend ist, wer nachtragend ist. Das ist in der Wirklichkeit tatsächlich nicht so verteufelt, wie ich es kannte.

Und dann gibt es noch die Sache mit der Angst. Kerle sind natürlich davon ausgenommen. Sie haben ja bekanntlich keine. Aber - der Mythos ist widerlegt! Woher ich das weiß? Ich habe es mit eigenen Augen gesehen! Man soll es nicht glauben, aber auch Kerle haben hier in der Wirklichkeit mal Angst. Sie machen sich gar nicht die Mühe, das zu vertuschen. Sie zeigen frei von der Leber weg, wovor sie Bammel haben. Einfach so! Und dann kommt jemand, der mutiger ist und hilft! Irre! Das ist hier alles ganz unkompliziert…

In der Wirklichkeit benutzt jeder ganz automatisch die Instrumente, die er bekommen hat, als er auf der Erde ,abgesetzt' wurde. Ich fand es erst albern, aber diese simpelsten Methoden, die hier in den Alltag eingebaut werden, funktionieren hervorragend. Niemand hinterfragt natürliche Reaktionen. Keiner ist sich plötzlich zu fein, eine menschliche Regung auszuleben oder hat ,bessere' Ideen, wie er sich verhalten könnte. Es wird einfach gelacht, wenn etwas witzig ist. Wer traurig ist, weint, wem etwas nicht passt, der wird wütend, und wer Angst hat, zieht sich zurück. Wer sich vor etwas ekelt, schüttelt sich, wer müde ist, legt sich hin. Wer in eine Zitrone beißt, verzieht das Gesicht und wer friert, zieht sich eine Jacke an.

In der Wirklichkeit sind alle, wie sie eben sind. Keiner versucht daran zu schrauben, weil alle wissen, dass das Zeitverschwendung ist.

Wenn ich in der Wirklichkeit jemanden ansprechen würde: „Entschuldigung, ich bin auf der Suche nach dem Glück. Können Sie mir da weiterhelfen?" Dann würden alle mit den Schultern zucken und mir alternativ irgendetwas anbieten, womit ich mich beschäftigen kann.

Teil III

Die Entscheidung

Das Glück zu finden, war allein eine Idee meines überaus erfinderischen Verstandes. In Wirklichkeit definiert es sich ganz anders, glücklich zu sein. Es bedeutet, zu sein, wie man ist. Auch emotional. Den Stress, etwas ändern zu müssen, erfindet nur der Verstand. ‚Früher habe ich ständig versucht, mein Leben zu reparieren, und heute habe ich nicht mal mehr das Gefühl, dass es kaputt sein könnte.' (Ist das ein Zitat? Als hätte ich es schon mal gehört... ist jedenfalls sehr treffend...) Ich dachte immer, mich unheimlich engagieren zu müssen, um mich selbst erfolgreich werden zu lassen. Das hatte zur Folge, dass ich echt Druck hatte, das Beste aus meinem Leben machen zu müssen. Das war purer Stress und nahm mir jegliche Natürlichkeit. Ich hetzte, wo ich konnte, nur um endlich an anderer Stelle zur Ruhe zu kommen. Deshalb wollte ich auch unbedingt 'erleuchtet' werden. In meiner Vorstellung war darin die absolute Stressfreiheit zu finden. Genau da wollte ich hin. Der Instinkt in mir, das Urtier und mein Bauchgefühl wussten, dass dort das Glück zu finden war. Was ich nicht wusste, war, dass ich diesen Ort der Stressfreiheit an keinem Ziel der Welt erreichen konnte. Je schneller ich rannte, umso weiter entfernte sich mein Glück. Genau das Gegenteil meiner Anstrengung ließ mich zur Ruhe kommen. Statt der Jagd auf das Glück musste ich anhalten, um tatsächlich glücklich zu werden.

Früher deutete ich den Weg zum Glück so, dass man dafür immer perfekter werden musste. Es gab ja auch wunderbare Richtlinien, an denen man sich orientieren konnte. Für jede Angelegenheit gab es ein Maß, eine Norm, eine Richtschnur, an der man sich entlang hangeln konnte. Selbst wenn man vorher ganz zufrieden mit sich war, verlor man spätestens durch die Medien ein Stück seines Glücks. Sie zeigten schonungslos auf, wo es etwas zu verbessern gab. Dann erst wurde ersichtlich, dass man zu viel wog, sich nicht gesund ernährte oder die 'fal-

sche' Kleidung trug. Perfekt anmutende Sonnenge-
bräunte demonstrierten mit strahlend weißem Lä-
cheln und einer topp Figur, dass mit ein wenig Anstrengung und der daraus resultierenden Veränderung das Leben deutlich besser werden würde. Jetzt
war auch dem Letzten klar: „Ich bin so nicht in Ordnung!" Und schon steckte man drin in dem Wahn
der Perfektionierung. Irgendwann erwischte es je-
den! Irgendwo hatte jeder eine Schwachstelle, an
der der Knopf der Perfektion gedrückt werden konnte. Bei mir funktionierte es über meine Bücher. Meine Karotte am Stock war, Erleuchtung zu erlangen,
wenn ich meine Gutmenschmentalität perfektionier-
te.

Aus meiner Sicht ist es ein Phänomen, dass das
Streben nach Glück gleichzeitig ein Streben nach
Gleichheit ist. Und dieses Streben wird ständig an-
geheizt, indem Einzelne neue Rekorde der Perfektion aufstellen. So legen sie die Messlatte immer ein
Stückchen höher und befeuern damit den Wahn,
der die anderen aufgrund der eigenen Schwach-
stellen in ihren Bann zieht.

Natürlich sind wir Menschen alle irgendwo ‚gleich', wir alle wollen glücklich und zufrieden sein und bedienen uns auch alle der gleichen Palette an Gefühlen und Empfindungen. Und dass jeder für sich das Beste herausholen will, ist nichts Verwerfliches. Außerdem liegt es in unserer Natur, sich an etwas orientieren zu wollen, um einen guten Weg für sich zu finden. Alles wunderbar. Nur für das Glück gibt es da offensichtlich einen Haken.

Ich kann ja nur für mich sprechen, aber ich glaube, dass man sich entscheiden muss. Entweder man richtet sich nach den Messlatten der Perfektionisten und bringt dafür eine Menge Opfer, oder man orientiert sich an der von Haus aus eingebauten Richtlinie, die in einem selbst nur darauf wartet, benutzt zu werden.

Sich für Perfektion zu entscheiden bedeutet wahrscheinlich auch, einen Haufen Stress in Kauf zu nehmen. Es gehört schon eine gehörige Portion Anstrengung dazu, sich ständig zu verbessern, um den steigenden Anforderungen der Außenwelt stetig gerecht zu werden. Ich will gar nicht sagen, dass dies ein ‚falscher‘ Weg ist, das muss jeder für sich selbst entscheiden. Ich weiß nur, dass sich Hektik und Stress mit Glück irgendwie beißen. Deshalb ist meine logische Schlussfolgerung, sich eher von den ‚Vorgaben‘ zu lösen, und den Kampf um das ‚genauso werden‘ aufzugeben. Aus meiner heutigen Sicht bringt das auch kaum Vorteile. Wenn ich mir vorstelle, es würde allen gelingen, die Perfektion zu erreichen, die sie anstreben…

Hallelujah! Dann hätten wir nur noch ‚Alleskönner‘ und Schönlinge! Da würde wohl der ‚Charme‘ der Menschheit mal so richtig schön verloren gehen.

Paradiesvögel

Macht es uns nicht erst aus, dass jeder anders ist?
Gerade das ist doch interessant. Schauen wir nicht
alle auf die schillernden Paradiesvögel, die immer
wieder aus der ‚grauen Masse' hervorstechen? Sie
begeistern uns, weil sie ‚echt' sind. Sie lassen raus,
was von innen kommt. Sie drücken aus, was ihnen
ihre Natur und ihr eigener Charakter vorgeben. Sie
hören auf den inneren Impuls, der sie meist spontan
und unheimlich charmant handeln lässt. Sie sind
weiß Gott nicht perfekt, aber sie gehorchen ihrem
eigenen Takt und nötigen sich nicht, sich dem anzu-
passen, was die Medien oder sonst wer vorgeben.
Sie benutzen die natürlichen Instrumente, indem sie
ihre Gefühle preisgeben und keinen Hehl daraus
machen. Genau wie diese Paradiesvögel ist jeder
einzelne von uns ein Mensch, der das Potential dieser Individualität in sich trägt. Nicht jeder wird dadurch automatisch eine ‚Kultfigur', aber darum geht
es auch gar nicht. Auf seine ganz eigene Art hat jeder die Möglichkeit, seine individuelle Persönlichkeit

zu bilden. Es ist völlig egal, ob man auf den roten Teppichen dieser Welt oder als Einsiedler in einer Berghütte zu Hause ist. Wichtig ist nur, dass man dem Ausdruck verleiht, was einem persönlich entspricht. Und warum? Weil das glücklich macht. Genau dort ‚fließt' das Leben, weil es nicht zwanghaft eingeschränkt wird.

Individualität ist so etwas Tolles! Da gerate ich sofort ins Schwärmen. Es ist so wunderbar, wenn man sehen kann, wie es aus seinem Gegenüber nur so herausprudelt. Derjenige stemmt sich nicht gegen den für ihn typischen Ausdruck seines ‚wilden Flusses'. Er zeigt ohne Umschweife, wer er ist. Man darf miterleben, was in ihm vorgeht und wie er sich fühlt. Dadurch weiß man genau, woran man bei dieser Person ist. Das ist eine unheimlich ehrliche und aufrichtige Art, mit jemandem in Kontakt zu sein. Immer wieder öffnet es mein eigenes kleines Herzchen, wenn der andere...

...Moment, das nervt mich schon die ganze Zeit. ‚Der' andere ist auch gleichzeitig immer ‚die' andere.

Es wäre so umständlich, zu jeder Gelegenheit der/die zu benutzen. Es fühle sich bitte keiner/keine davon auf die Füße getreten, dass ich immer nur ‚der' sage...

Sorry, wo war ich? Es öffnet immer wieder mein Herzchen, wenn mein Gegenüber mir zeigt, was wirklich los ist. Wer ganz unbekümmert rauslässt, wie er natürlicherweise ‚gestrickt' ist, bewegt bei mir genau das, wonach ich immer gesucht habe. Das regt mein eigenes Herzchen dazu an, genauso frei und unbefangen zu sein, und ich liebe es, dann auch zu zeigen, wie ich ticke. Und diese Freiheit, sich einfach ‚gehenlassen' zu können, ist sehr ursprünglich und aus meiner Sicht der direkte Weg zum Glück.

In unserer Gesellschaft ist doch längst der Impuls für Natürlichkeit, Nachhaltigkeit und Gesundheit geweckt. Wir wollen doch immer alle Bio. Dann mal los! Der pure Mensch ohne Plastikverpackung und Konservierungsstoffe nehme einen tiefen Atemzug!

Aus dieser Position heraus kann man es nur lieben, seinen ganz persönlichen Weg zu gehen.

Auf die Bremse treten

Und wie findet man den ganz speziellen ‚Klang' des eigenen Lebens? Wie stellt man sich dem ‚natürlichen Fließen' nicht mehr in den Weg? Auch hier habe ich eine Meinung, die jeder selbst für sich auf Richtigkeit überprüfen kann. Indem man zurückrudert und immer wieder auf die Bremse tritt, wird man hellhöriger für die eigenen Bedürfnisse. Solange man sich immer noch gehetzt oder gedrängt fühlt, sollte man noch langsamer werden. Am wichtigsten ist es, den eigenen Rhythmus und die ganz persönliche ‚Geschwindigkeit' herauszufinden. Vielleicht ist man dann sogar schneller als je zuvor, wer weiß das schon... Nur im eigenen Takt klingt das Leben halt am besten.

Die Welt da draußen liefert so unterschiedliche Situationen, dass es kein ‚Geheimrezept' gibt, wie man sich am besten verhalten soll. Aber in jedem Fall hilft es, sich Zeit zu nehmen, um eine Situation auf sich wirken zu lassen. Wenn man sofort reagiert, weil man sich genötigt oder gehetzt fühlt, hat es mit dem eigenen Impuls nicht mehr viel zu tun. Rudert man aber zurück, stellt kurz auf ‚Null', gewinnt die Situation vielleicht eine ganz andere Seite dazu, die man vorher gar nicht wahrnehmen konnte. Es ist immer hilfreich, einen Moment inne zu halten, um seine Sinne zu schärfen.

Der Wechsel der Ereignisse und die damit verknüpften Gefühle sind doch ganz normal. Wer sich Zeit dafür nimmt, diesen ständigen Wechsel mitzumachen, den drängt nichts mehr. Derjenige kann ganz in Ruhe eine Lebenskurve nach der anderen erleben, ohne davon unglücklich zu werden.

Das Leben selbst kreiert die verschiedensten Charaktere, Situationen und Erlebnisse. Niemand muss sich darum bemühen, jemand Besonderes zu werden. Jeder einzelne hat doch seine ganz persönliche Geschichte. Man braucht sich nur auf sie einzulassen und hat plötzlich alles, was es zum glücklich sein benötigt. Es gibt von jedem etwas. Höhen und Tiefen, die dunkelsten Täler und die tollsten Gipfel. Wir Menschen reagieren darauf eigentlich ganz automatisch richtig, weil dieser Impuls in uns verankert ist. Nur wenn man sich, so wie ich es tat, weigert, die natürlichen Reaktionen ‚fließen' zu lassen, wird es schwierig mit dem Glück.

Schwere Zeiten

Ja, und manchmal kommt alles noch mal ganz anders. Da demonstriert das Leben seine ganze
Macht. Dann schlägt es Wege ein, die unsere eigenen Pläne von jetzt auf hier zunichte machen. Dann
verändert sich alles. Alltägliche Dinge rücken in den
Hintergrund. Was eben noch wichtig war, wird banal, und womit man bis zu diesem Moment noch so
richtig eingespannt war, relativiert sich abrupt. Es
gibt Zeiten, in denen es ernsthaft schwierig ist.

Solche Lebensabschnitte kosten viel Kraft und sind
extrem schmerzhaft. Sie ziehen einem förmlich den
Boden unter den Füßen weg. Alles ist neu und ge-
radezu traumatisch. Von ‚Glück' ist dann keine Re-
de mehr. Man hofft einfach nur noch, die Situation
zu überstehen. Man hangelt sich von einem Tag
zum anderen, und es fühlt sich an, als würde es nie
mehr besser werden.
In diesen Zeiten benötigt man all seine Energie.
Schonungslos verlangt einem das Leben dann die

letzten Reserven ab. Es gibt vor solch extremen ‚Windungen' seines Lebens kein Entrinnen. Es gibt keine Worte, die den Schmerz lindern und keine ‚Techniken', die einen vorzeitig am Kragen aus der Situation ziehen können. Das einzige, was einem dann bleibt, ist, sich die Zeit zu nehmen, diese Situation zu stemmen. Es herrscht ein Ausnahmezustand, der die komplette Aufmerksamkeit fordert. Man ‚funktioniert' anders, weil man extremen Gefühlen ausgesetzt ist. Dann befindet man sich in einer hochgradigen Stress-Situation, die besonders viel Zeit und regelmäßiges Durchatmen benötigt, um überhaupt irgendwie aufgefangen werden zu können. Hier ist die ‚kleine Lücke', um zur Ruhe zu kommen, besonders wichtig.

Und trotz alledem schenkt einem das Leben irgendwann wieder die Möglichkeit, in die ‚Normalität' zurückzukehren. Aus meiner Sicht ist es nicht sinnvoll, damit hetzen zu wollen, um so schnell wie möglich wieder in den Alltag einzusteigen. Schwere Zeiten sind mit intensiven Gefühlen verbunden, die Zeit brauchen, um verarbeitet zu werden. Auch wenn es zwei Schritte ‚nach vorne' geht, darf der eine Schritt, der sich doch wieder ‚nach hinten' richtet, nicht übergangen werden. Es dauert lange, bis das Herzchen heilt. Schmerzhafte Gefühle ‚mal eben' zu unterdrücken, weil es ‚gerade nicht passt', ist vielleicht in Ausnahmefällen nicht zu umgehen, aber langfristig greift das massiv in das freie, natürliche ‚Fließen' unseres Lebens ein.

Zurückkehrenden Gefühlen erneut einen Platz einzuräumen, ist eine gute ‚Medizin'.

Unterschiede

Jeder einzelne von uns macht so viele verschiedene Erfahrungen in seinem Leben, dass daraus sein einzigartiger Charakter entsteht. Und weil das Leben nicht immer nur schön und lustig ist, formt sich eben dieser Charakter so um den Menschen herum, dass sein Herzchen so geschützt wie möglich bleibt. Und das ist gut so. Das ist ein wichtiges Werkzeug, das wir mit auf den Weg bekommen haben. Instinktiv schirmen wir so Dinge ab, die unserem Herzchen nicht zu nahe kommen dürfen. Sichtbar wird das zum Beispiel, wenn jemand etwas nicht kann oder will, was in der großen Masse üblich ist. Aber statt Verständnis weht demjenigen häufig der scharfe Wind der Ausgrenzung entgegen. Und dann?

Wer da nicht vor Selbstvertrauen strotzt, für den wird es schwer. Wer hier kein ‚dickes Fell' hat, muss umgehend einen großen Brocken vom Glück hergeben. Je geläufiger eine Sache im Normalfall ist, umso schwieriger wird es, zu sagen: „Ich nicht."

Dann kommt auch noch der eigene Oberlehrer, der Herr Verstand, und behauptet: „ Was stimmt mit dir nicht? Alle wollen das! Stell dich gefälligst nicht so an!"

Und schon glaubt man, die anderen seien ‚richtig' und man selbst ‚falsch'. Fatal für unser Glück! Es fällt der Perfektion zum Opfer.

Wir müssen x-mal am Tag Entscheidungen treffen. Wenn sie so ausfallen, dass sie der allgemeinen Meinung in die Karten spielen, fühlt es sich gut an, und dem Glück steht nichts im Wege. Aber wehe, es steht eine Entscheidung an, die gegen die Norm getroffen werden muss, weil es sich sonst gegen die eigene innere Natur richtet. Dann ist man sofort in der Zwickmühle. Natürlich kostet es eine Portion Mut, in solchen Momenten dazu zu stehen, dass man dieses oder jenes eben nicht möchte, obwohl es eigentlich das ‚Normalste' auf der Welt ist.

Aber: Jeder ‚fließt' anders. Und dann wird ein ‚Nein' zur Norm ein ‚Ja' zum eigenen Charakter und ist dadurch eine ‚frei fließende' Entscheidung, die das eigene Glück begünstigt.

Ich erinnere mich gerade an meine vereinfachte Glücksformel:

„Fühl' ich mich gut, bin ich glücklich...", sie wissen schon...

Diese Theorie bestätigt sich für mich in ‚wollen' und ‚nicht wollen'. Man fühlt sich gut, wenn man sich für das entscheidet, was man will. Man fühlt sich auch gut, wenn man sich gegen das entscheidet, was man nicht will. Alle Entscheidungen, die diesem Prinzip nicht entsprechen, kosten ein Stück vom Glück.

Denn das Glück interessiert sich nur für den Augenblick. Für jetzt. Ihm ist es total egal, ob man später glücklich werden könnte, weil man jetzt die Zähne zusammenbeißt.

„Nö! Lieber sofort glücklich sein!"

Das Glück gibt sich damit zufrieden, wenn man etwas nicht kann oder nicht will. Es stört sich nicht daran. Ihm genügt der jetzige Zustand, dies oder jenes eben nicht zu können. Es denkt nicht an morgen. Und es richtet sich nicht nach dem Glück der anderen. Da können tausend Leute eine bestimmte Sache für ihr Glück benötigen, und das eigene Glück will genau das Gegenteil.

Das bedeutet, dass man gelegentlich gegen den Strom schwimmen muss. Nehmen wir das Beispiel, dass ‚alle' sich auf eine bestimmte Sache freuen, aber man selbst denkt: „Ach du meine Güte, das ist so gar nichts für mich." Dann versucht unser Verstand einem gerne mal einzureden, dass man ‚doof' ist, weil die anderen mit ihrer Begeisterung richtig liegen. ‚Normal' wäre, diese Sache gut zu finden. Dann sollte man sich die Zeit nehmen, auf sein inneres Gefühl zu hören. Diesem Impuls darf vertraut werden. Er weiß etwas, das der Verstand gern mal vergisst. Denn es ist tatsächlich so, dass alle anderen diese Sache berechtigterweise mögen. Doch entscheidend ist, dass man selbst diese Sache genauso berechtigterweise nicht mag! Es gibt Unterschiede!

Unglücklich wird man erst, wenn diese Unterschied-lichkeit nicht akzeptiert wird. Ob man selbst oder an-dere diese Verschiedenheit kritisieren, ist egal. Man bekommt immer ein schlechtes Gefühl.

Geht es um etwas Extremes wie Bungeejumping oder Eistauchen, dann lässt unser Gehirn gelten, dass man es verweigert. Das kratzt nicht am Glück. Da gibt es genügend andere, die auch sagen wür-den, dass sie sich das nicht trauen. Dann ist man mit dem Unterschied nicht allein. Kritisch wird es erst, wenn wir nicht über ‚krasse Sachen' sprechen, sondern über ganz normale, alltägliche. Dann tut es schon richtig weh, wenn alle anderen mit Leichtig-keit dies oder jenes erledigen, und man selbst vor Unwohlsein einen Klumpen in der Magengegend verspürt. Und genau hier in dieser Situation gilt es, abzubremsen und anzuhalten. Hier wird wiederum Zeit benötigt, um die falsche Vorstellung des Ver-standes abzufangen.

Wer etwas nicht kann oder will, was alle anderen bejubeln und befürworten, der lasse sich davon bitte nicht aus der Ruhe bringen! Derjenige muss sich

auf keinen Fall verändern, geschweige denn verbessern!

Jeder Zweifel an der Richtigkeit seines eigenen
Charakters lässt das Glück bröckeln. Es ist nicht so
schlimm, sich einzugestehen, dass man dies oder
jenes nicht kann oder will. Im Gegenteil. Dann versucht man wenigstens nicht mehr gegen sein inneres Verständnis, Dinge zu erreichen, die man, wenn
man ehrlich ist, gar nicht will.

Zum Glück...

Für das eigene Glück ist es manchmal notwendig, mit seinem Verhalten mutterseelenallein auf weiter Flur zu sein. Aber es kommt vor, dass andere sich dann plötzlich ‚outen', dass sie auch nicht zu den ‚Alleskönnern' gehören. Da kann ein Eigenbrödler schon mal zum Vorbild mutieren... alles ist möglich in der Wirklichkeit...

Was für einige das höchste Vergnügen ist, langweilt vielleicht manch andere. Des einen größte Leidenschaft lässt den anderen völlig kalt. Nur weil jemand etwas bevorzugt, heißt es noch lange nicht, dass man selbst das Gleiche mögen muss. Und wer manche Dinge nicht kann, kann dafür andere besonders gut. Auch wenn es sich oft danach anfühlt, dass die Menge der Befürworter auch die Qualität der Sache steigert, ist es für einen anderen eben erst wahre Qualität, im Gegenteil sein Glück zu finden.

Es gibt ‚ohne Ende' Unterschiede, und genau das macht unsere Welt so bunt. Man sollte sich die kleine Lücke gönnen, um diese Unterschiedlichkeiten bei sich und bei anderen zu respektieren. Dann wird man nicht zum unzufriedenen ‚Gleichmacher', sondern erschafft sich einen individuellen Sockel, auf dem man in jeder Situation festen Tritt hat.

Dann kann man sich selbst, so wie man eben ist, ‚schwer in Ordnung' finden, und das macht verdammt glücklich.

Sich die Zeit zu nehmen, in seinem ganz persönlichen Rhythmus zu leben, das nenne ich Glück.

.